ग़ज़ल के रंग हज़ार

(40 ग़ज़लों का इंतिख़ाब)

संकलित:

मुकर्रम नियाज़

© Taemeer Publications

Ghazal ke rang hazaar *(Ghazals Collection)*

By: Mukarram Niyaz

Edition: October '2025

Publisher:

Taemeer Publications LLC (Michigan, USA / Hyderabad, India)

ISBN 978-93-6908-042-7

9 789369 080427

Book	:	ग़ज़ल के रंग हज़ार
Compiler	:	मुकर्रम नियाज़
Publisher	:	Taemeer Publications
Year	:	'2025
Pages	:	66
Title Design	:	*Taemeer Web Design*

प्रस्तावना

यह परिचय वक्त की कहानी को बड़े ही दिलचस्प अंदाज में बयान करता है, जो हर पल हमारे जिंदगी में बदलाव और उतार-चढ़ाव लाता रहता है। हर गुजरते लम्हे के साथ, जिंदगी के अलग-अलग रंग और अंदाज सामने आते हैं। यह बदलाव या तो हमारे जज़्बात में झलकता है या फिर साहित्य और कला की दुनिया में। खास तौर पर उर्दू शायरी और खास कर उर्दू ग़ज़ल में हमें ये तब्दीलियां साफ नज़र आती हैं। यही वो शायरी है, जिसमें वक़्त के बयान के साथ-साथ सामाजिक मसले भी दिखते हैं।

ग़ज़ल का सफ़र अपने रास्ते में कई मंजिलें तय कर चुका है। ये मंजिलें पुरानी कहानियों, लोककथाओं और अंदाज़ से होकर गुज़री हैं, जिनमें जिंदगी की असली हकीकतें और सामाजिक सवाल-जवाब साफ दिखाई देते हैं। इस सफ़र में नई शायरी के अंदाज़ और नए ढंग भी जगह बनाते गए हैं, जो मुद्दे के साथ मेल खाते हैं। आजकल की ग़ज़लों में नई सोच और जोश की झलक मिलती है, जो

हमें यह सोचने पर मजबूर कर देती है कि शायरी और साहित्य कभी भी स्थिर नहीं रहते, वह हर दौर के साथ बदलते रहते हैं।

यह किताब इन सारी नई और ताजा भावनाओं से भरी ग़ज़लों का बहुत ही खास संग्रह है, जिसे देवनागरी लिपि में पेश किया गया है। यह संकलन उन तमाम पढ़ने वालों के लिए एक अनमोल तोहफा है, जो न सिरफ उर्दू की खूबसूरती को समझना चाहते हैं, बल्कि उसकी मौजूदा रचनाओं से भी वाकिफ़ होना चाहते हैं। ये ग़ज़लें अपने समाज, अपनी सोच और अपनी आदतों से बातें करने का मौका देती हैं, और साथ ही हमें नए विचारों के साथ तालमेल बिठाने की प्रेरणा भी देती हैं। इस तरह, यह किताब (***ग़ज़ल के रंग हज़ार***) एक सफर है, जो हमें आज के साथ-साथ आने वाले कल का भी रास्ता दिखाती है।

मुकर्रम नियाज़

1

यूँ मिरे होने का मुझ पर आश्कार उस ने किया

अमीर इमाम

यूँ मिरे होने का मुझ पर आश्कार उस ने किया
मुझ में पोशीदा किसी दरिया को पार उस ने किया

पहले सहरा से मुझे लाया समुंदर की तरफ़
नाव पर काग़ज़ की फिर मुझ को सवार उस ने किया

मैं था इक आवाज़ मुझ को ख़ामुशी से तोड़ कर
किर्चियों को देर तक मेरी शुमार उस ने किया

दिन चढ़ा तो धूप की मुझ को सलीबें दे गया
रात आई तो मिरे बिस्तर को दार उस ने किया

जिस को उस ने रौशनी समझा था मेरी धूप थी
शाम होने का मिरी फिर इंतिज़ार उस ने किया

देर तक बुनता रहा आँखों के करघे पर मुझे
बुन गया जब मैं तो मुझ को तार तार उस ने किया
***

2
हर एक शाम का मंज़र धुआँ उगलने लगा
अमीर इमाम

हर एक शाम का मंज़र धुआँ उगलने लगा
वो देखो दूर कहीं आसमाँ पिघलने लगा

तो क्या हुआ जो मयस्सर कोई लिबास नहीं
पहन के धूप मैं अपने बदन पे चलने लगा

मैं पिछली रात तो बेचैन हो गया इतना
कि उस के बाद ये दिल ख़ुद-ब-ख़ुद बहलने लगा

अजीब ख़्वाब थे शीशे की किर्चियों की तरह
जब उन को देखा तो आँखों से ख़ूँ निकलने लगा

बना के दाएरा यादें सिमट के बैठ गईं
ब-वक़्त-ए-शाम जो दिल का अलाव जलने लगा

***

3

काँधों से ज़िंदगी को उतरने नहीं दिया

अमीर इमाम

काँधों से ज़िंदगी को उतरने नहीं दिया
उस मौत ने कभी मुझे मरने नहीं दिया

पूछा था आज मेरे तबस्सुम ने इक सवाल
कोई जवाब दीदा-ए-तर ने नहीं दिया

तुझ तक मैं अपने आप से हो कर गुज़र गया
रस्ता जो तेरी राह गुज़रने नहीं दिया

कितना अजीब मेरा बिखरना है दोस्तो
मैं ने कभी जो ख़ुद को बिखरने नहीं दिष

है इम्तिहान कौन सा सहरा-ए-ज़िंदगी
अब तक जो तेरे ख़ाक-बसर ने नहीं दिया

यारो 'अमीर' इमाम भी इक आफ़्ताब था
पर उस को तीरगी ने उभरने नहीं दिया

***

4
छुप जाता है फिर सूरज जिस वक़्त निकलता है
अमीर इमाम

छुप जाता है फिर सूरज जिस वक़्त निकलता है
कोई इन आँखों में सारी रात टहलता है

चम्पई सुब्हें पीली दो-पहरें सुरमई शामें
दिल ढलने से पहले कितने रंग बदलता है

दिन में धूपें बन कर जाने कौन सुलगता था
रात में शबनम बन कर जाने कौन पिघलता है

ख़ामोशी के नाख़ुन से छिल जाया करत हैं
कोई फिर इन ज़ख़्मों पर आवाज़ें मलता है

रात उगलता रहता है वो एक बड़ा साया
छोटे छोटे साए जो हर शाम निगलता है

***

5
कि जैसे कोई मुसाफ़िर वतन में लौट आए
अमीर इमाम

कि जैसे कोई मुसाफ़िर वतन में लौट आए
हुई जो शाम तो फिर थकन में लौट आए

न आबशार न सहरा लगा सके क़ीमत
हम अपनी प्यास को ले कर दहन में लौट आए

सफ़र तवील बहुत था किसी की आँखों तक
तो उस के बाद हम अपने बदन में लौट आए

कभी गए थे हवाओं का सामना करने
सभी चराग़ उसी अंजुमन में लौट आए

किसी तरह तो फ़ज़ाओं की ख़ामोशी टूटे
तो फिर से शोर-ए-सलासिल चलन में लौट आए

'अमीर' इमाम बताओ ये माज़रा क्या है
तुम्हारे शेर उसी बाँकपन में लौट आए

***

1

खो के वहम-ओ-गुमान की घड़ियाँ

अलका मिश्रा

खो के वहम-ओ-गुमान की घड़ियाँ
मिल गईं इत्मीनान की घड़ियाँ

कोई आकर चला गया लेकिन
रह गईं दरम्यान की घड़ियाँ

वक़्त के इंतज़ार में चुप हैं
एक सूने मकान की घड़ियाँ

चोटियों पर अभी तो पहुंचे थे
आ गईं फिर ढलान की घड़ियाँ

आख़िरी वक़्त मुस्कुराया वो
कट गईं इम्तिहान की घड़ियाँ

***

2

रक़्स करने लगी है तन्हाई

अलका मिश्रा

रक़्स करने लगी है तन्हाई
दर्द लेने लगा है अंगड़ाई

चोट दुखने लगी पुरानी फिर
जब से चलने लगी है पुरवाई

अब के सावन गया है फिर सूखा
कब से सूखी पड़ी है अमराई

दूर रहकर मुझे सताता है
कैसा ज़ालिम है मेरा हरजाई

कोई दस्तक है जानी पहचानी
झूम उट्ठी है आज अंगनाई

***

3

उसकी ऊँची उड़ान देखो तो

अलका मिश्रा

उसकी ऊँची उड़ान देखो तो
ख़ुद पे उसका गुमान देखो तो

आसमां नापने को निकली है
एक नन्ही सी जान देखो तो

बाँटता है जो ग़म ज़माने के
दिल पे उसके निशान देखो तो

रूह जब जिस्म छोड़ देती है
रुख़ पे तब इत्मिनान देखो तो

उस ने ख़ुद को समझ लिया शायद
हो गया बेज़ुबान देखो तो

***

4
कहीं ग़म थाम लेगा और कहीं लाचारियां होंगी

अलका मिश्रा

कहीं ग़म थाम लेगा और कहीं लाचारियां होंगी
"तमन्नाओं की बस्ती में बहुत दुस्वारियाँ होंगी

भड़क उट्ठी ये कैसी आग मेरे दिल की बस्ती में
मेरे सीने में ही शायद कहीं चिंगारियां होंगी

सुनो! तुम सोच कर राह-ए-मुहब्बत में क़दम रखना
यहाँ मंज़िल से पहले राह में रुसवाईयाँ होंगी

अगर वो दूर जाएगा तो मुझ तक लौट आएगा
सफ़र में साथ उस के मेरी भी परछाइयाँ होंगी

नहीं उम्मीद कोई साथ आए मेरे मंज़िल तक
यही तो राह सच की है जहां तन्हाईयाँ होंगी

***

5

हर एक ख़्वाब मुक़म्मल न हो तो अच्छा है

अलका मिश्रा

हर एक ख़्वाब मुक़म्मल न हो तो अच्छा है
सफ़र कोई भी मुसलसल न हो तो अच्छा है

गुज़र चुकी है कई हादसों से ये दुनिया
अब और कोई भी हलचल न हो तो अच्छा है

ये आंसुओं की कहानी बयान कर देगा
सुरीली आँखों में काजल न हो तो अच्छा है

हज़ार नाग खुले घूमते हैं जंगल में
शजर की देह में सन्दल न हो तो अच्छा है

अगर यही है मुहब्बत, तो ये दुआ है मेरी
किसी भी हाल मुझे कल न हो तो अच्छा है

***

1

नहीं नाम ओ निशाँ साए का लेकिन यार बैठे हैं

अंजुम रूमानी

नहीं नाम ओ निशाँ साए का लेकिन यार बैठे हैं
उगे शायद ज़मीं से ख़ुद-ब-ख़ुद दीवार बैठे हैं

सवार-ए-कश्ती-ए-अमवाज-ए-दिल हैं और ग़ाफ़िल हैं
समझते हैं की हम दरिया-ए-ग़म के पार बैठे हैं

उजाड़ ऐसी न थी दुनिया अभी कल तक ये आलम था
यहाँ दो चार बैठे हैं वहाँ दो चार बैठे हैं

फिर आती है इसी सहरा से आवाज़-ए-जरस मुझ को
जहाँ मजनूँ से दीवाने भी हिम्मत हार बैठे हैं

समझते हो जिन्हें तुम संग-ए-मील ऐ क़ाफ़िले वालो
सर-ए-रह-ए-ख़स्तगान-ए-हसरत रफ़्तार बैठे हैं

ये जितने मशग़ले हैं सब फ़राग़त के
न तुम बे-कार बैठे हो न हम बे-कार बैठे हैं

तुम्हें 'अंजुम' कोई उस से तवक़्क़ो हो तो हो वरना
यहाँ तो आदमी की शक्ल से बे-ज़ार बैठे हैं

***

2

दुखी दिलों की लिए ताज़याना रखता है

अंजुम रूमानी

दुखी दिलों की लिए ताज़याना रखता है
हर एक शख़्स यहाँ इक फ़साना रखता है

किसी भी हाल में राज़ी नहीं है दिल हम से
हर इक तरह का ये काफ़िर बहाना रखता है

अज़ल से ढंग हैं दिल के अजीब से शायद
किसी से रस्म-ओ-रह-ए-ग़ाएबाना रखता है

कोई तो फ़ैज़ है कोई तो बात है इस में
किसी को दोस्त यूँही कब ज़माना रखता है

फ़कीह-ए-शहर की बातों से दर-गुज़र बेहतर
बशर है और ग़म-ए-आब-ओ-दाना रखता है

मुआमलात-ए-जहाँ की ख़बर ही क्या उस को
मुआमला ही किसी से रखा न रखता है

हमीं ने आज तक अपनी तरह नहीं देखा
तवक़्क़ुआत बहुत कुछ ज़माना रखता है

क़लंदरी है की रखता है दिल ग़नी 'अंजुम'
कोई दुकाँ न कोई कार-ख़ाना रखता है

***

3

हर चंद उन्हें अहद फ़रामोश न होगा

अंजुम रूमानी

हर चंद उन्हें अहद फ़रामोश न होगा
लेकिन हमें इस वक़्त कोई होश न होगा

देखोगे तो आएगी तुम्हें अपनी जफ़ा याद
ख़ामोश जिसे पाओगे ख़ामोश न होगा

गुज़रे हैं वो लम्हे सदा याद रहेंगे
देखा है वो आलम कि फ़रामोश न होगा

हम अपनी शिकस्तों से हैं जिस तरह बग़ल-गीर
यूँ क़ब्र से भी कोई हम-आग़ोश न होगा

पी जाते हैं ज़हर-ए-गम-ए-हस्ती हो कि मय हो
हम सा भी ज़माने में बला-नोश न होगा

होने को तो दुनिया में कई पर्दा-नशीं हैं
लेकिन तेरी सूरत कोई रू-पोश न होगा

पाओगे न आज़ाद-ए-ग़म-अंजुम किसी दिल को
होगा ग़म-ए-फ़र्दा जो ग़म-ए-दोश न होगा

***

4

हम से भी गाहे गाहे मुलाक़ात चाहिए

अंजुम रूमानी

हम से भी गाहे गाहे मुलाक़ात चाहिए
इंसान हैं सभी तो मसावात चाहिए

अच्छा चलो ख़ुदा न सही उन को क्या हुआ
आख़िर कोई तो क़ाज़ी-ए-हाजात चाहिए

है आक़बत ख़राब तो दुनिया ही ठीक हो
कोई तो सूरत-ए-गुज़र-औक़ात चाहिए

जाने पलक झपकने में क्या गुल खिलाए वक़्त
हर दम नज़र ब-सूरत-ए-हालात चाहिए

आएगी हम को रास न यक-रंगी-ए-ख़ला
अहल-ए-ज़मीं हैं हम हमें दिन रात चाहिए

वा कर दिए हैं इल्म ने दरिया-ए-मारिफ़त
अँधों को अब भी कश्फ़ ओ करामात चाहिए

जब क़ैस की कहानी अब अंजुम की दास्ताँ
दुनिया को दिल लगी के लिए बात चाहिए

***

5

जहाँ तक गया कारवान-ए-ख़याल

अंजुम रूमानी

जहाँ तक गया कारवान-ए-ख़याल
न था कुछ ब-जुज़ हसरत-ए-पाएमाल

मुझे तेरा तुझ को है मेरा ख़याल
मगर ज़िंदगी फिर भी हैं ख़स्ता-हाल

जहाँ तक है दैर ओ हरम का सवाल
रहें चुप तो मुश्किल कहें तो मुहाल

तेरी काएनात एक हैरत-कदा
शनासा मगर अजनबी ख़द-ओ-ख़ाल

मेरी काएनात एक ज़ख़्म-ए-कोहन
मुक़द्दर में जिस के नहीं इंदिमाल

नई ज़िंदगी के नए मकर ओ फ़न
नए आदमी की नई चाल-ढाल

हुए रूख़्सत अंजुम सहर के क़रीब
न देखा गया शायद अपना मआल

***

1

आँसुओं की जहाँ पायमाली रही

बशीर बद्र

आँसुओं की जहाँ पायमाली रही
ऐसी बस्ती चराग़ों से ख़ाली रही

दुश्मनों की तरह उस से लड़ते रहे
अपनी चाहत भी कितनी निराली रही

जब कभी भी तुम्हारा ख़याल आ गया
फिर कई रोज़ तक बेख़याली रही

लब तरसते रहे इक हँसी के लिये
मेरी कश्ती मुसाफ़िर से ख़ाली रही

चाँद तारे सभी हम-सफ़र थे मगर
ज़िन्दगी रात थी रात काली रही

मेरे सीने पे ख़ुशबू ने सर रख दिया
मेरी बाँहों में फूलों की डाली रही

***

2

ग़म छुपाते रहे मुस्कुराते रहे

बशीर बद्र

ग़म छुपाते रहे मुस्कुराते रहे,
महफ़िलों-महफ़िलों गुनगुनाते रहे

आँसुओं से लिखी दिल की तहरीर को
फूल की पत्तियों से सजाते रहे

ग़ज़लें कुम्हला गईं नज़्में मुरझा गईं
गीत सँवला गये साज़ चुप हो गये

फिर भी अहल-ए-चमन कितने ख़ुशज़ौक़ थे
नग़्मा-ए-फ़स्ल-ए-गुल गुनगुनाते रहे

तेरी साँसों की ख़ुशबू लबों की महक
जाने कैसे हवायें उड़ा लाईं थी

वक़्त का हर क़दम भी बहकता रहा
ज़क़्त ले पाँव भी डगमगाते रहे

***

3

ऐसा लगता है ज़िन्दगी तुम हो

बशीर बद्र

ऐसा लगता है ज़िन्दगी तुम हो
अजनबी जैसे अजनबी तुम हो

अब कोई आरज़ू नहीं बाकी
जुस्तजू मेरी आख़िरी तुम हो

मैं ज़मीं पर घना अँधेरा हूँ
आसमानों की चांदनी तुम हो

दोस्तों से वफ़ा की उम्मीदें
किस ज़माने के आदमी तुम हो

***

4
भूल शायद बहुत बड़ी कर ली
बशीर बद्र

भूल शायद बहुत बड़ी कर ली
दिल ने दुनिया से दोस्ती कर ली

तुम मुहब्बत को खेल कहते हो
हम ने बर्बाद ज़िन्दगी कर ली

उस ने देखा बड़ी इनायत से
आँखों आँखों में बात भी कर ली

आशिक़ी में बहुत ज़रूरी है
बेवफ़ाई कभी कभी कर ली

हम नहीं जानते चिराग़ों ने
क्यों अंधेरों से दोस्ती कर ली

धड़कनें दफ़्न हो गई होंगी
दिल में दीवार क्यों खड़ी कर ली

***

5

गाँव मिट जायेगा शहर जल जायेगा

बशीर बद्र

गाँव मिट जायेगा शहर जल जायेगा
ज़िन्दगी तेरा चेहरा बदल जायेगा

कुछ लिखो मर्सिया मसनवी या ग़ज़ल
कोई काग़ज़ हो पानी में गल जायेगा

अब उसी दिन लिखूँगा दुखों की ग़ज़ल
जब मेरा हाथ लोहे में ढल जायेगा

मैं अगर मुस्कुरा कर उन्हें देख लूँ
क़ातिलों का इरादा बदल जायेगा

आज सूरज का रुख़ है हमारी तरफ़
ये बदन मोम का है पिघल जायेगा

***

1

क्या भला मुझ को परखने का नतीजा निकला

मुज़फ्फ़र वारसी

क्या भला मुझ को परखने का नतीजा निकला
ज़ख़्म-ए-दिल आप की नज़रों से भी गहरा निकला

तिश्नगी जम गई पत्थर की तरह होंठों पर
डूब कर भी तेरे दरिया से मैं प्यासा निकला

जब कभी तुझ को पुकारा मेरी तन्हाई ने
बू उड़ी फूल से तस्वीर से साया निकला

कोई मिलता है तो अब अपना पता पूछता हूँ
मैं तेरी खोज में तुझ से भी परे जा निकला

मुझ से छुपता ही रहा तू मुझे आँखें दे कर
मैं ही पर्दा था उठा मैं तो तमाशा निकला

तोड़ कर देख लिया आईना-ए-दिल तू ने
तेरी सूरत के सिवा और बता क्या निकला

नज़र आया था सर-ए-बाम 'मुज़फ़्फ़र' कोई
पहुँचा दीवार के नज़दीक तो साया निकला

***

2

ज़ख़्म-ए-दिल और हरा ख़ून-ए-तमन्ना से हुआ

मुज़फ्फ़र वारसी

ज़ख़्म-ए-दिल और हरा ख़ून-ए-तमन्ना से हुआ
तिश्नगी का मेरी आग़ाज़ ही दरिया से हुआ

चुभ गई हलक़ में काटों की तरह प्यास मेरी
दश्त सैराब मेरे आबला-ए-पा से हुआ

दिल-ए-ज़िंदा को चुना दर्द की दीवारों में
रोक लेती मुझे इतना भी न दुनिया से हुआ

सर में सौदा था मगर पाँव में ज़ंजीर न थी
ख़ाक उड़ाता रहा मंसूब न सहरा से हुआ

फेर दीं किस ने सलाख़ें सी मेरी आँखों में
कौन अंगुश्त-नुमा ताक़-ए-तमाशा से हुआ

दूर जा कर मेरी आवाज़ सुनी दुनिया ने
फ़न उजागर मेरा आईना-ए-फ़रदा से हुआ

बू मिज़ाजों से गई रंग उड़े चेहरों के
ख़ुश यहाँ कौन मेरे दीदा-ए-बीना से हुआ

अजनबी सा नज़र आया हूँ 'मुज़फ़्फ़र' ख़ुद को
बे-तकल्लुफ़ जो मैं इस अहद-ए-शनासा से हुआ

***

3

ज़िंदगी जिस पर हँसे ऐसी कोई ख़्वाहिश न की

मुज़फ्फ़र वारसी

ज़िंदगी जिस पर हँसे ऐसी कोई ख़्वाहिश न की
घाव सीने में सजाए घर की आराइश न की

नुक्ता-चीनी पर मेरी तुम इतने बर-गश्ता न हो
कह दिया जो कुछ भी दिल में था मगर साज़िश न की

एक से हालात आए हैं नज़र हर दौर में
रुक गए मेरे क़दम या वक़्त ने गर्दिश न की

झुक गया क़दमों पे तेरे फिर भी सर ऊँचा रहा
आँख पत्थर हो गई जलवों की फ़रमाइश न की

लाख नज़रों को उछाला तू न आया बाम पर
साए सर पटख़ा किये दीवार ने जुम्बिश न की

मैं ने जिन आँखों के सीने में उतारा फिर गईं
ख़ुद को अपनाने की इस डर से कभी कोशिश न की

रह के महदूद-ए-वसाइल की 'मुज़फ़्फ़र' ने बसर
पाँव फैला कर कभी चादर की पैमाइश न की

***

4

नक़्श दिल पर कैसी कैसी सूरतों का रह गया

मुज़फ्फ़र वारसी

नक़्श दिल पर कैसी कैसी सूरतों का रह गया
कितनी लहरें हम-सफ़र थीं फिर भी प्यासा रह गया

कैसी कैसी ख़्वाहिशें मुझ से जुदा होती गईं
किस क़दर आबाद था और कितना तंहा रह गया

ढूँढने निकला था आवाज़ों की बस्ती में उसे
सोच कर वीराँ गुज़र-गाहों पे बैठा रह गया

उस से मिलना याद है मिल कर बिछड़ना याद है
क्या बता सकता हूँ क्या जाता रहा क्या रह गया

मैं ये कहता हूँ के हर रुख़ से बसर की ज़िंदगी
ज़िंदगी कहती है हर पहलू अधूरा रह गया

अहद-ए-रफ़्ता की खुदाई किस क़दर महँगी पड़ी
जिस जगह ऊँची इमारत थी गढ़ा सा रह गया

सिर्फ़ इतनी है 'मुज़फ़्फ़र' अपनी रूदाद-ए-हयात
मैं ज़माने को ज़माना मुझ को तकता रह गया

***

5

मेरी ज़िन्दगी किसी और की, मेरे नाम का कोई और है

मुज़फ्फ़र वारसी

मेरी ज़िन्दगी किसी और की, मेरे नाम का कोई और है
मेरा अक्स है सर-ए-आईना, पसे आईना कोई और है

मेरी धड़कनों में है चाप सी, ये जुदाई भी है मिलाप सी
मुझे क्या पता, मेरे दिल बता, मेरे साथ क्या कोई और है

न गए दिनों को ख़बर मेरी, न शरीक-ए-हाल नज़र तेरी
तेरे देस में, मेरे भेस में, कोई और था कोई और है

वो मेरी तरफ़ निगराँ रहे, मेरा ध्यान जाने कहाँ रहे
मेरी आँख में कई सूरतें, मुझे चाहता कोई और है

***

1

मिरे ख़याल से आगे तिरा निशाना पड़ा

नामी अंसारी

मिरे ख़याल से आगे तिरा निशाना पड़ा
समंद-ए-शौक़ पे इक और ताज़ियाना पड़ा

अभी तो इश्क़ ओ नज़र के हज़ार पहलू थे
गले हमारे कहाँ से ग़म-ए-ज़माना पड़ा

पराए नूर से मैं कस्ब-ए-फ़ैज़ क्या करता
असर पड़ा है कभी कुछ तो ग़ाएबाना पड़ा

मुझे भी क़र्ज़ चुकाना था उस का अब के बरस
ग़लत नहीं जो मिरा दश्त में ठिकाना पड़ा

किसी के हिस्से में आई ख़िरद की सफ़्फ़ाकी
किसी के हाथ ग़म-ए-इश्क़ का ख़ज़ाना पड़ार

रहा न कोई यहाँ सर-ब-सर तही-दामन
सभी के ज़र्फ़ में मक़्दूर फिर ज़माना पड़ा

हज़ार आँख दिखाते रहे अदू 'नामी'
ग़ज़ल ग़ज़ल ही रही फ़र्क इक ज़रा न पड़ा

***

2

ख़ुद आज़मा के भी दावे अजल के देखते हैं

नामी अंसारी

ख़ुद आज़मा के भी दावे अजल के देखते हैं
दयार-ए-शौक में इस बार चल कर देखते है

पिघलती है कि नहीं बर्फ़-ए-ना-शनासाई
किसी की गर्म-निगाही से जल के देखते हैं

ये दश्त-ए-हू सर-ए-गुलशन कहाँ से आ निकला
ये मोजज़ा है तो घर से निकल के देखते हैं

जिन्हें मिली ही नहीं चश्म ओ दिल की बीनाई
तमाशे वो भी ख़ुमार-ए-अज़ल के देखते हैं

उसी के ज़िक्र से महफ़िल में फूल खिलते थे
वो आ गया है तो सब आँख मल के देखते हैं

किसी को आज के हालात पर क़रार नहीं
हमारे शहर में सब ख़्वाब कल के देखते हैं

अभी तो लम्स-ए-बदन का हिसाब बाक़ी है
तअल्लुक़ात के पहलू बदल के देखते हैं

न कोई नारा-ए-तहसीं-नुमा न दाद-ए-सुख़न
कि सुनने वाले भी तेवर ग़ज़ल के देखते हैं

न जाने कब सर-ए-आईना ख़ौफ़ लिख जाए
हम अपना चेहरा भी 'नामी' सँभल के देखते हैं

***

3

जहाँ पे डूब गया था कभी सितारा मिरा

नामी अंसारी

जहाँ पे डूब गया था कभी सितारा मिरा
उसी उफ़ुक़ पे जहाँ-ताब है नज़ारा मिरा

यही हुआ कि परिंदे फ़ज़ा में तैर गए
न काम आईं मिरी बंदिशें न चारा मिरा

हवा-ए-दश्त भी मजनूँ-सिफ़त नहीं है अगर
तो इस मक़ाम पे शायद न हो गुज़ारा मिरा

अभी तो हर्फ़-ए-तमन्ना लिखा नहीं मैं ने
अभी से क्यूँ वरक़-जाँ है पारा पारा मिरा

न आग लगती न तक़्सीम-ए-जिस्म-ओ-जाँ होती
फ़ुग़ाँ कि शहर-ए-सितम पर नहीं इजारा मिरा

वो तीरगी है कि राह-ए-ख़याल भी गुम है
न आसमान है रौशन न इस्तिआरा मिरा

न कोई दश्त मुनव्वर हुआ न दर 'नामी'
नवाह-ए-ग़ैर में जल बुझ गया शरारा मिरा

***

4

ऐ आबला-पा और भी रफ़्तार ज़रा तेज़

नामी अंसारी

ऐ आबला-पा और भी रफ़्तार ज़रा तेज़
इस दश्त-ए-पुर-असरार में चलती है हवा तेज़

आसार तो कुछ ऐसे ख़तरनाक नहीं थे
क्या जानिए किस तरह ये तूफ़ान हुआ तेज़

कुछ अब्र ओ हवा बर्क़ ओ शरर से नहीं मतलब
इस दौर-ए-पुर-आशोब में हर शय है सिवा तेज़

क्या मौज-ए-सुख़न क्या नफ़स-ए-साएक़ा-परवर
बस ये है कि हो जाती है आवाज़-ए-अना तेज़

उठते हैं सर-ए-राह जहाँ ज़र्द बगूले
होता है वहीं रक़्स-ए-जुनूँ और सिवा तेज़

शायद कि रग-ए-जाँ में लहू ज़िंदा है अब तक
अक्सर दर-ए-ज़िंदाँ से उभरती है सदा तेज़

तक़्दीर-ए-मोहब्बत भी बदल जाएगी 'नामी'
उन हाथों पे हो जाए ज़रा रंग-ए-हिना तेज़

***

5

घर छोड़ा बे-सम्त हुए हैरानी में

नामी अंसारी

घर छोड़ा बे-सम्त हुए हैरानी में
कैसे कैसे दुख झेले नादानी में

ताज़ा हवा में उस के नफ़स की ख़ुशबू थी
क़तरा क़तरा डूब गया मैं पानी में

किस ने जोड़ा क्यूँ जोड़ा मज़कूर नहीं
उस का क़िस्सा मेरी राम-कहानी में

चाँद को आगे बढ़ना औज पे जाना था
तारे टूटे पल पल ऐन जवानी में

कैसा था वो पैकर-ए-ख़ूबी क्या कहिए
आईना दो लख़्त हुआ हैरानी में

दिल पे अचानक सब्त हुआ ता-उम्र रहा
ऐसा भी इक अक्स मिला था पानी में

सारी ग़ज़लें इक जैसी ही लगती हैं
क्या रक्खा है 'नामी' जश्न-ए-मआनी में

***

1

मुझे तो यूँ भी इस राह से गुज़रना था

प्रकाश फ़िकरी

मुझे तो यूँ भी इस राह से गुज़रना था
दिल-ए-तबाह का कुछ तो इलाज करना था

मेरी नवा से तेरी नींद भी सुलग उठती
जरा सा इस में शरारों का रंग भरना था

सुलगती रेत पे यादों के नक़्श क्यूँ छोड़े
तुझे भी गहरे समंदर में जब उतरना था

मिला न मुझ को किसी से ख़िराज अश्कों में
हवा के हाथों मुझे और कुछ बिखरना था

उसी पे दाग़ हज़ीमत के लग गए देखो
यक़ीं की आग से जिस शक्ल को निखरना था

मैं खंडरों में उसे ढूँढता फिरा 'फिक्री'
मगर कहाँ था वो आसेब जिस से डरना था

***

2

रफ़्ता रफ़्ता सब मनाज़िर खो गए अच्छा हुआ

प्रकाश फ़िकरी

रफ़्ता रफ़्ता सब मनाज़िर खो गए अच्छा हुआ
शोर करते थे परिंदे सो गए अच्छा हुआ

कोई आहट कोई दस्तक कुछ नहीं कुछ भी नहीं
भूली बिसरी इक कहानी हो गए अच्छा हुआ

एक मुद्दत से हमारे आईने पे गर्द थी
आँसुओं के सील उस को धो गए अच्छा हुआ

बे-कली कोई न थी तो दिल बड़ा बे-ज़ार था
अब हवादिस दर्द इस में बो गए अच्छा हुआ

बे-सबब रोता था 'फिक्री' और रूलाता था हमें
अब ज़माना हो गया उस को गए अच्छा हुआ

***

3

दुश्मनी की इस हवा को तेज़ होना चाहिए

प्रकाश फ़िकरी

दुश्मनी की इस हवा को तेज़ होना चाहिए
उस की कश्ती को सर-ए-साहिल डुबोना चाहिए

छीन कर सारी उम्मीदें मुझ से वो कहता है अब
किश्त-ए-दिल में आरज़ू का बीज बोना चाहिए

इस समंदर की कसाफ़त आँख में चुभने लगी
उस का चेहरा और ही पानी से धोना चाहिए

सौंप जाएँ इन दरख़्तों को निशानी नाम की
हम कभी थे अगली रूत को इल्म होना चाहिए

ये भी कोई तुक हुई के कुछ हुआ तो रो पड़े
शख़्सियत का रंग 'फ़िक्री' यूँ न खोना चाहिए

***

4

जिस का बदन गुलाब था वो यार भी नहीं

प्रकाश फ़िकरी

जिस का बदन गुलाब था वो यार भी नहीं
अब के बरस बहार के आसार भी नहीं

पेड़ों पे अब भी छाई है ठंडी उदासियाँ
इम्कान जश्न-ए-रंग का इस बार भी नहीं

दरिया के इल्तिफ़ात से इतना ही बस हुआ
तिश्ना नहीं हैं होंट तो सरशार भी नहीं

राहों के पेच-ओ-ख़म भी उसे देखने का शौक़
चलने को तेज़ धूप में तैयार भी नहीं

बिछड़े हुओं की याद निभाते हैं जान कर
वरना किसी को भूलना दुश्वार भी नहीं

जितना सितम-शिआर है ये दिल ये अपना दिल
उतने सितम-शिआर तो अग़्यार भी नहीं

अहल-ए-हुनर के बाब में उस का भी ज़िक्र हो
'फिक्री' को ऐसी बात पे इसरार भी नहीं

***

5

तेरी सदा की आस में इक शख़्स रोएगा

प्रकाश फ़िकरी

तेरी सदा की आस में इक शख़्स रोएगा
चेहरा अँधेरी रात का अश्क़ों से धोएगा

शोले सितम के लाएगी अब रात चाँदनी
सूरज बदन में धूप के ख़ंजर चुभोएगा

ऐ शहर-ए-ना-मुराद तुझ कुछ ख़बर भी है
दरिया दुखों के ज़हर का तुझ को डुबोएगा

परबत गिरेगा टूट के गहरे नशेब में
कब तक जुमूद बर्फ़ का वो बोझ ढोएगा

'फिक्री' तू अपनी बात का अंदाज़ तो बदल
वरना खज़ीना नाम का इक रोज़ खोएगा

***

1

पुराने शहरों के मंज़र निकलने लगते हैं

राहत इन्दौरी

पुराने शहरों के मंज़र निकलने लगते हैं
ज़मीं जहाँ भी खुले घर निकलने लगते हैं

मैं खोलता हूँ सदफ़ मोतियों के चक्कर में
मगर यहाँ भी समन्दर निकलने लगते हैं

हसीन लगते हैं जाड़ों में सुबह के मंज़र
सितारे धूप पहनकर निकलने लगते हैं

बुरे दिनों से बचाना मुझे मेरे मौला
क़रीबी दोस्त भी बचकर निकलने लगते हैं

बुलन्दियों का तसव्वुर भी ख़ूब होता है
कभी कभी तो मेरे पर निकलने लगते हैं

अगर ख़्याल भी आए कि तुझको ख़त लिक्खूँ
तो घोंसलों से कबूतर निकलने लगते हैं

***

2
सफ़र की हद है वहाँ तक के कुछ निशान रहे
राहत इन्दौरी

सफ़र की हद है वहाँ तक कि कुछ निशान रहे|
चले चलो के जहाँ तक ये आसमान रहे|

ये क्या उठाये क़दम और आ गई मन्ज़िल,
मज़ा तो जब है के पैरों में कुछ थकान रहे|

वो शख़्स मुझ को कोई जालसाज़ लगता है,
तुम उस को दोस्त समझते हो फिर भी ध्यान रहे|

मुझे ज़मीं की गहराईयों ने दाब लिया,
मैं चाहता था मेरे सर पे आसमान रहे|

अब अपने बीच मरासिम नहीं अदावत है,
मगर ये बात हमारे ही दर्मियान रहे|

मगर सितारों की फसलें उगा सका न कोई,
मेरी ज़मीन पे कितने ही आसमान रहे|

वो एक सवाल है फिर उस का सामना होगा,
दुआ करो कि सलामत मेरी ज़बान रहे|

***

3

हर एक चेहरे को ज़ख़्मों का आईना न कहो

राहत इन्दौरी

हर एक चेहरे को ज़ख़्मों का आईना न कहो।
ये ज़िन्दगी तो है रहमत इसे सज़ा न कहो।

न जाने कौन सी मज़बूरीओं का क़ैदी हो,
वो साथ छोड़ गया है तो बेवफ़ा न कहो।

तमाम शहर ने नेज़ों पे क्यूँ उछाला मुझे,
ये इत्तेफ़ाक़ था तुम इस को हादसा न कहो।

ये और बात कि दुश्मन हुआ है आज मगर,
वो मेरा दोस्त था कल तक उसे बुरा न कहो।

हमारे ऐब हमें उँगलियों पे गिनवाओ,
हमारी पीठ के पीछे हमें बुरा न कहो।

मैं वक़ियात की ज़न्जीर का नहीं क़ायल,
मुझे भी अपने गुनाहों का सिलसिला न कहो।

ये शहर वो है जहाँ राक्षस भी है "राहत",
हर एक तराशे हुये बुत को देवता न कहो|

***

4

चेहरों की धूप आँखों की गहराई ले गया

राहत इन्दौरी

चेहरों की धूप आँखों की गहराई ले गया|
आईना सारे शहर की बीनाई ले गया|

डूबे हुए जहाज़ पे क्या तब्सरा करें,
ये हादसा तो सोच की गहराई ले गया|

हालाँकि बेज़ुबान था लेकिन अजीब था,
जो शख़्स मुझ से छीन के गोयाई ले गया|

इस वक़्त तो मैं घर से निकलने न पाऊँगा,
बस एक कमीज़ थी जो मेरा भाई ले गया|

झूठे क़सीदे लिखे गये उस की शान में,
जो मोतीयों से छीन के सच्चाई ले गया|

यादों की एक भीड़ मेरे साथ छोड़ कर,
क्या जाने वो कहाँ मेरी तन्हाई ले गया|

अब असद तुम्हारे लिये कुछ नहीं रहा,
गलियों के सारे संग तो सौदाई ले गया|

अब तो ख़ुद अपनी साँसें भी लगती हैं बोझ सी,
उमरों का देव सारी तवनाई ले गया|

***

5
दिलों में आग लबों पर गुलाब रखते हैं
राहत इन्दौरी

दिलों में आग लबों पर गुलाब रखते हैं
सब अपने चेहरों पे दोहरी नक़ाब रखते हैं

हमें चराग समझ कर बुझा न पाओगे
हम अपने घर में कई आफ़ताब रखते हैं

बहुत से लोग कि जो हर्फ़-आश्ना भी नहीं
इसी में खुश हैं कि तेरी किताब रखते हैं

ये मैकदा है, वो मस्जिद है, वो है बुत-खाना
कहीं भी जाओ फ़रिश्ते हिसाब रखते हैं

हमारे शहर के मंजर न देख पायेंगे
यहाँ के लोग तो आँखों में ख्वाब रखते हैं

***

विषय-सूची

www.ingramcontent.com/pod-product-compliance
Lightning Source LLC
LaVergne TN
LVHW050812051026
849532LV00008B/2967
* 9 7 8 9 3 6 9 0 8 0 4 2 7 *